LETTER TRACING

AGES 3-5

PRACTICE WORKBOOK FOR PRESCHOOL

Writing Practice - Alphabet

Aa Bb Cc Dd Ee

Ff Gg Hh Ii Jj

Kk Ll Mm Nn

Oo Pp Qq Rr

Ss Tt Uu Vv

Ww Xx Yy Zz

Writing Practice - Letter A

A A A A A A A A A

A

A

a a a a a a a

a

a

A

A

a

a a a a a a a a a a

a a a a a a a a a a

a a a a a a a a a a

a a a a a a a a a a

a a a a a a a a a a

a a a a a a a a a a

a

a a a a a a a a a a

a a a a a a a a a a

a a a a a a a a a a

a a a a a a a a a a

a a a a a a a a a a

a a a a a a a a a a

Writing Practice - Letter B

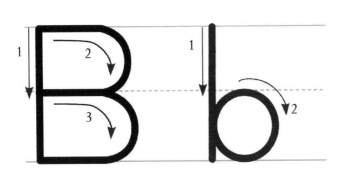

B

BBBBBBBB

BBBBBBBB

BBBBBBBB

BBBBBBBB

BBBBBBBB

BBBBBBBB

BBBBBBBB

B

BBBBBBBB

BBBBBBBB

BBBBBBBB

BBBBBBBB

BBBBBBBB

BBBBBBBB

b

b b b b b b b b b

b b b b b b b b b

b b b b b b b b b

b b b b b b b b b

b b b b b b b b b

b b b b b b b b b

b

b b b b b b b b b

b b b b b b b b b

b b b b b b b b b

b b b b b b b b b

b b b b b b b b b

b b b b b b b b b

Writing Practice - Letter C

C

C

c

C C C C C C C C C C

C C C C C C C C C C

C C C C C C C C C C

C C C C C C C C C C

C C C C C C C C C C

C C C C C C C C C C

c

C C C C C C C C C C

C C C C C C C C C C

C C C C C C C C C C

C C C C C C C C C C

C C C C C C C C C C

C C C C C C C C C C

Writing Practise - Letter D

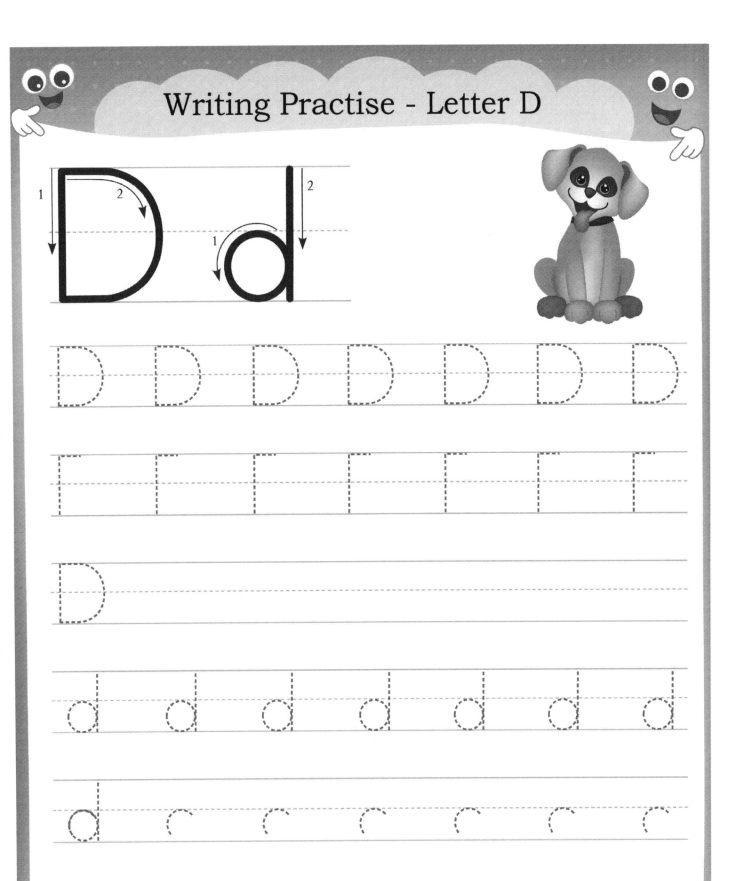

D

D

D D D D D D D D

D D D D D D D D

D D D D D D D D

D D D D D D D D

D D D D D D D D

D D D D D D D D

D D D D D D D D

d

d

d d d d d d d d d

d d d d d d d d d

d d d d d d d d d

d d d d d d d d d

d d d d d d d d d

d d d d d d d d d

Writing Practice - Letter E

E

E

e

e

Writing Practice - Letter F

F

F

f

f

Writing Practice - Letter G

G

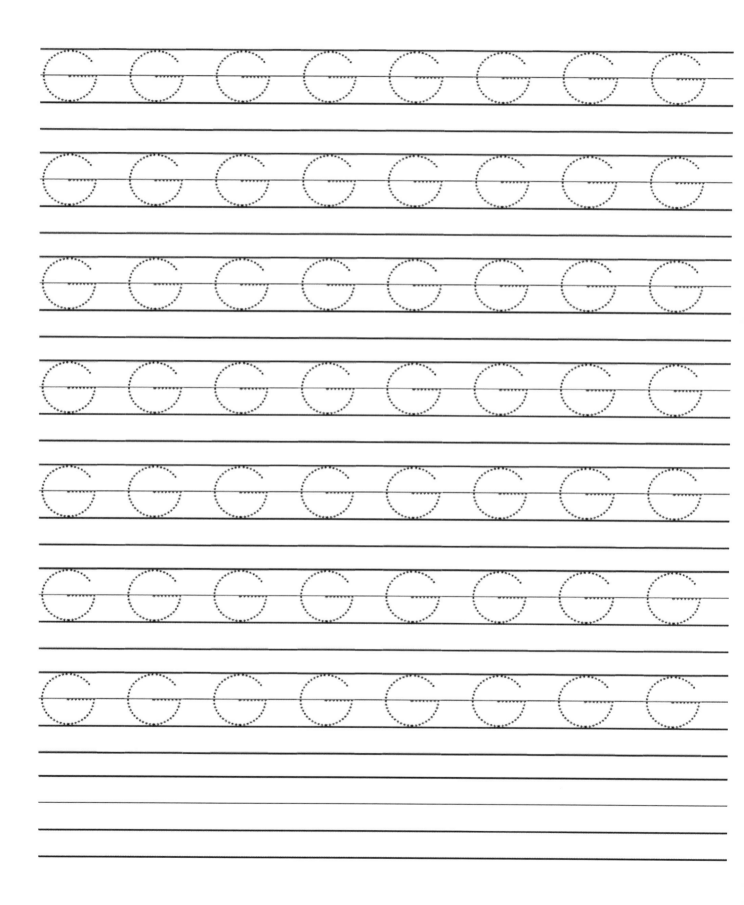

G

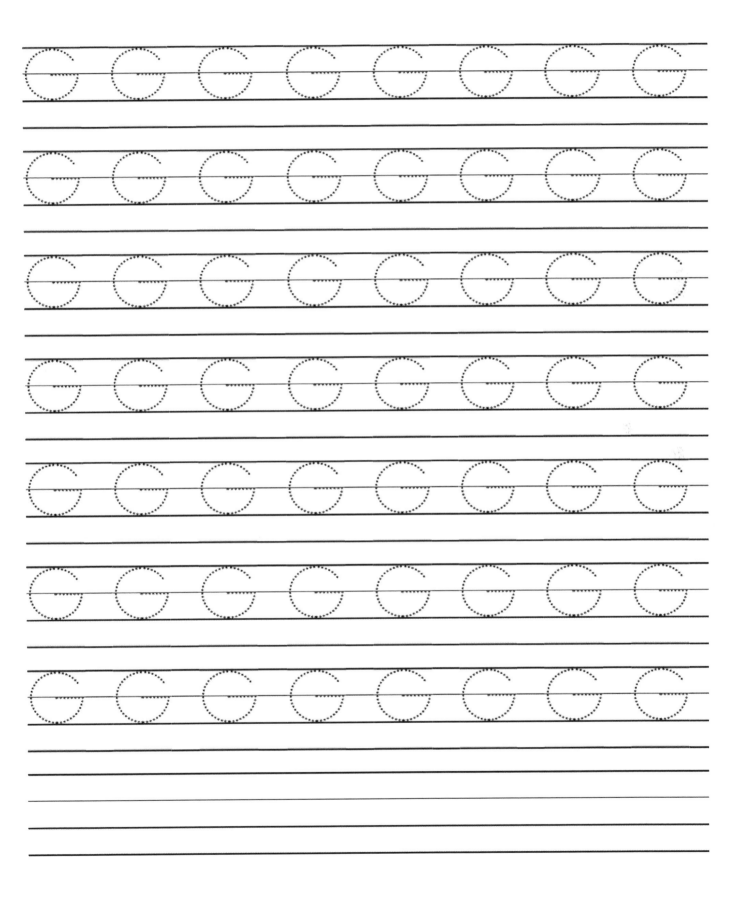

g

g

g g g g g g g g g

g g g g g g g g g

g g g g g g g g g

g g g g g g g g g

g g g g g g g g g

g g g g g g g g g

Writing Practice - Letter H

H

H

h

h h h h h h h h h

h h h h h h h h h

h h h h h h h h h

h h h h h h h h h

h h h h h h h h h

h h h h h h h h h

h

Writing Practice - Letter I

I

I

I I I I I I I I I

I I I I I I I I I

I I I I I I I I I

I I I I I I I I I

I I I I I I I I I

I I I I I I I I I

i

i

Writing Practice - Letter J

J

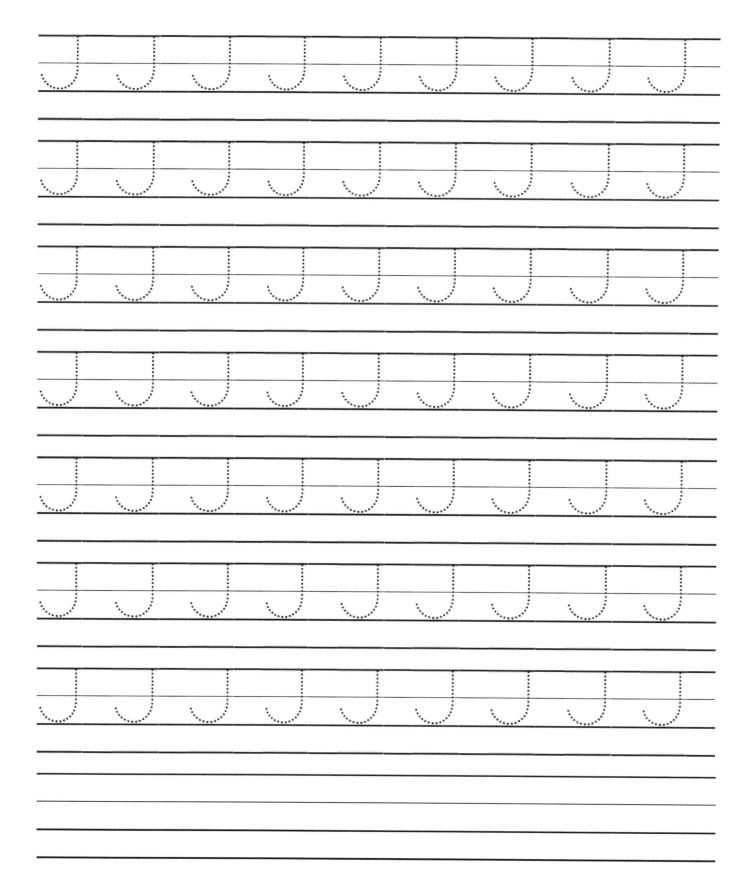

J

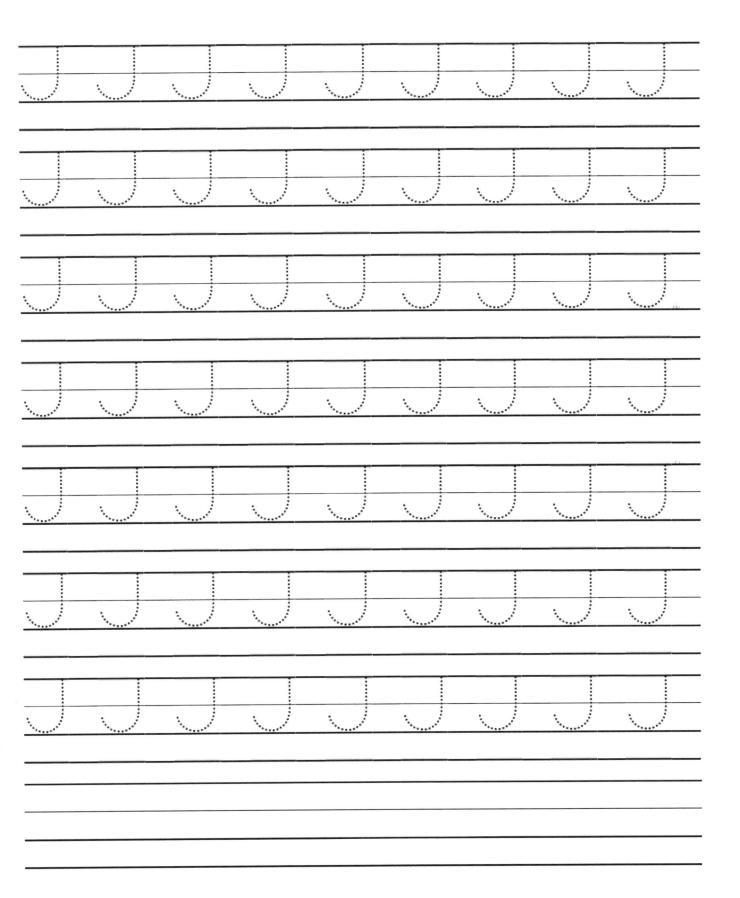

j

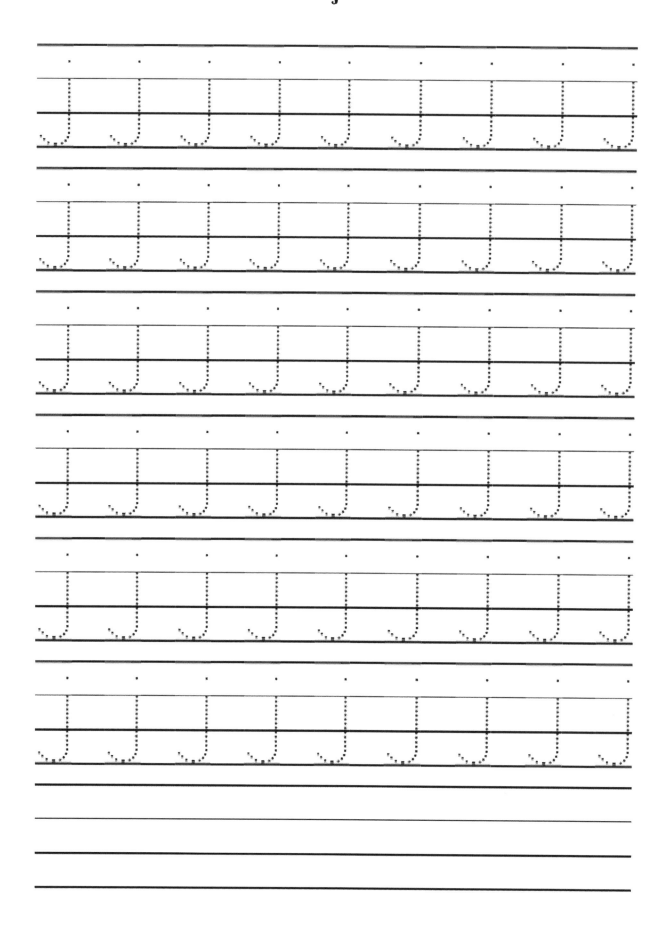

j

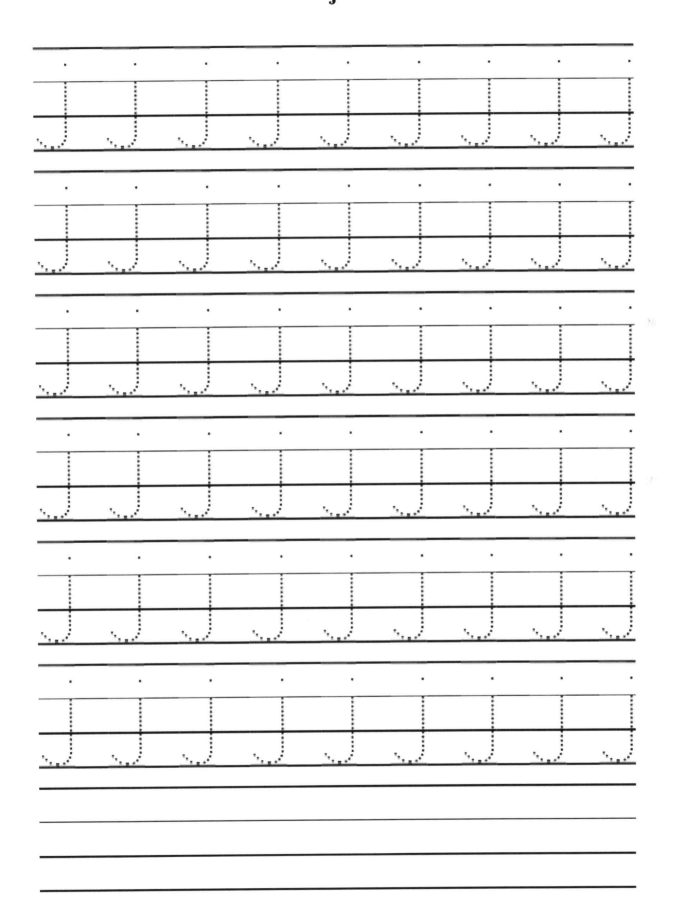

Writing Practice - Letter K

K

K

K K K K K K K K K

K K K K K K K K K

K K K K K K K K K

K K K K K K K K K

K K K K K K K K K

K K K K K K K K K

K K K K K K K K K

k

K K K K K K K K K K

K K K K K K K K K K

K K K K K K K K K K

K K K K K K K K K K

K K K K K K K K K K

K K K K K K K K K K

k

K K K K K K K K K K

K K K K K K K K K K

K K K K K K K K K K

K K K K K K K K K K

K K K K K K K K K K

K K K K K K K K K K

Writing Practice - Letter L

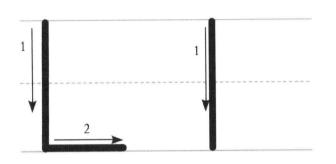

L

L

l

l

Writing Practice - Letter M

M

M

m

m

Writing Practice - Letter N

N

N N N N N N N N N N N

N N N N N N N N N N N

N N N N N N N N N N N

N N N N N N N N N N N

N N N N N N N N N N N

N N N N N N N N N N N

N N N N N N N N N N N

N

n

n n n n n n n n n

n n n n n n n n n

n n n n n n n n n

n n n n n n n n n

n n n n n n n n n

n n n n n n n n n

n

n n n n n n n n n

n n n n n n n n n

n n n n n n n n n

n n n n n n n n n

n n n n n n n n n

n n n n n n n n n

Writing Practice - Letter O

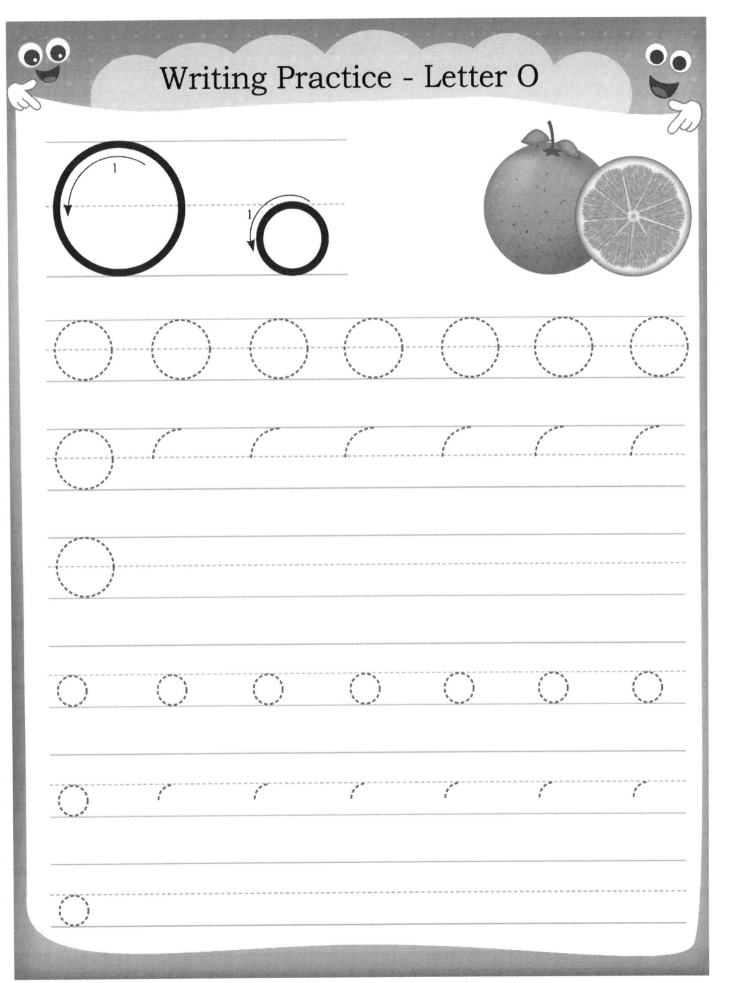

o

O

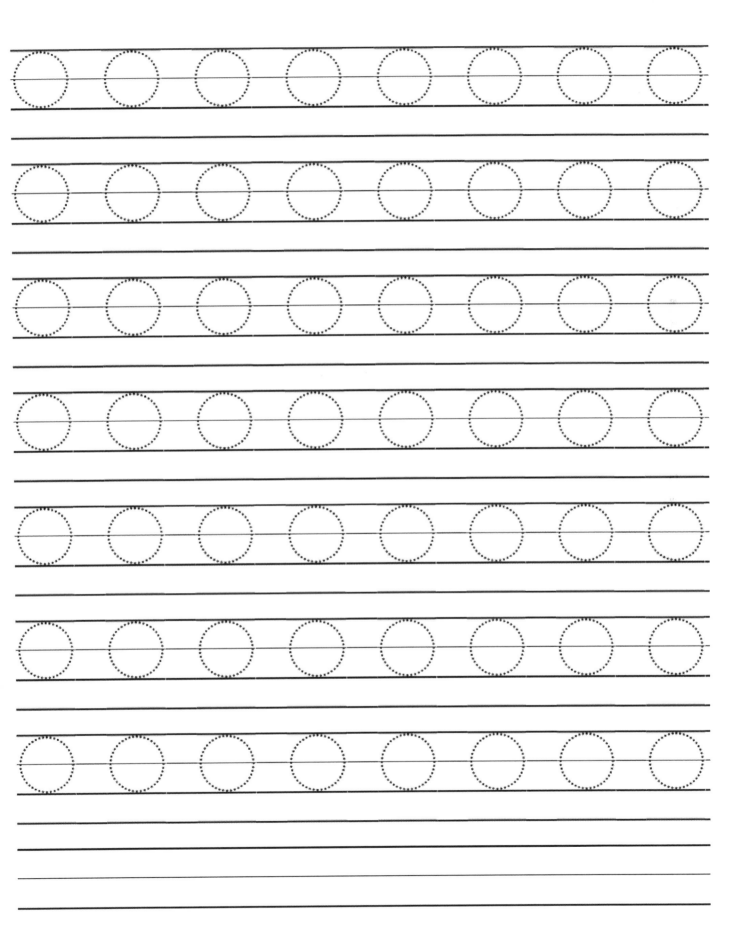

0

0

Writing Practice - Letter P

P

P P P P P P P P P

P P P P P P P P P

P P P P P P P P P

P P P P P P P P P

P P P P P P P P P

P P P P P P P P P

P P P P P P P P P

P

P P P P P P P P P

P P P P P P P P P

P P P P P P P P P

P P P P P P P P P

P P P P P P P P P

P P P P P P P P P

P P P P P P P P P

p

p p p p p p p p p

p p p p p p p p p

p p p p p p p p p

p p p p p p p p p

p p p p p p p p p

p p p p p p p p p

p

Writing Practice - Letter Q

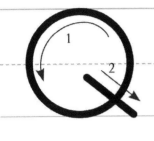 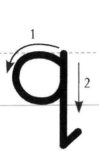 

Q

Q

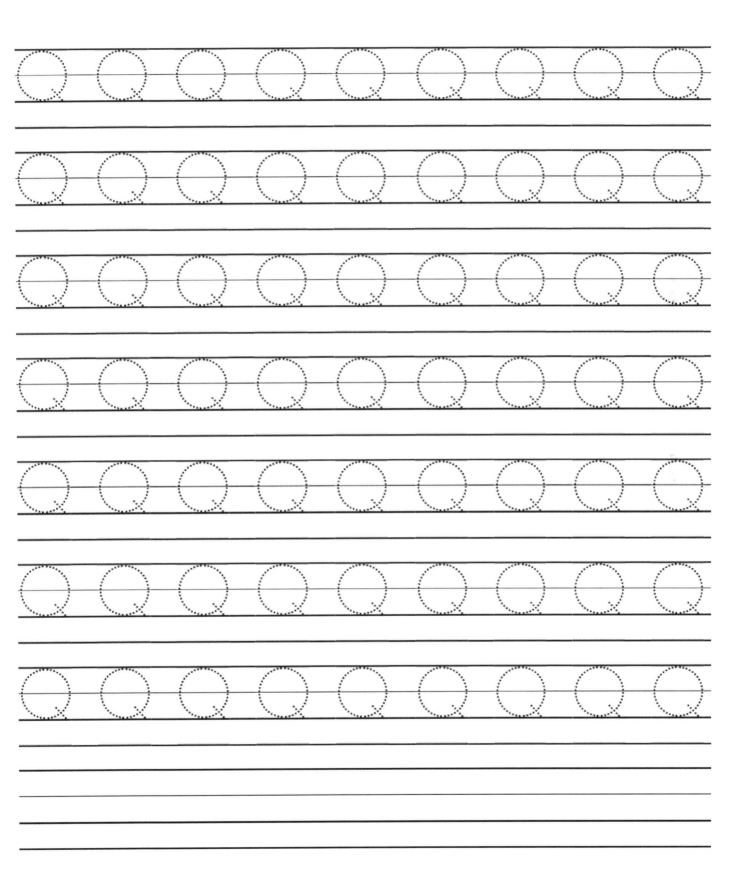

q

q q q q q q q q q

q q q q q q q q q

q q q q q q q q q

q q q q q q q q q

q q q q q q q q q

q q q q q q q q q

q q q q q q q q q

q

q q q q q q q q q

q q q q q q q q q

q q q q q q q q q

q q q q q q q q q

q q q q q q q q q

q q q q q q q q q

q q q q q q q q q

Writing Practice - Letter R

R
r

R R R R R R R

R r r r r r r

R

r r r r r r r

r r r r r r r

r

R

R R R R R R R R

R R R R R R R R

R R R R R R R R

R R R R R R R R

R R R R R R R R

R R R R R R R R

R R R R R R R R

R

R R R R R R R R

R R R R R R R R

R R R R R R R R

R R R R R R R R

R R R R R R R R

R R R R R R R R

R R R R R R R R

r

r

Writing Practice - Letter S

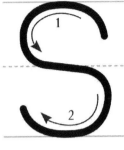

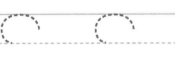

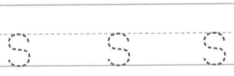

S

S S S S S S S S S S

S S S S S S S S S S

S S S S S S S S S S

S S S S S S S S S S

S S S S S S S S S S

S S S S S S S S S S

S S S S S S S S S S

S

S S S S S S S S S S

S S S S S S S S S S

S S S S S S S S S S

S S S S S S S S S S

S S S S S S S S S S

S S S S S S S S S S

S S S S S S S S S S

S

S S S S S S S S S S

S S S S S S S S S S

S S S S S S S S S S

S S S S S S S S S S

S S S S S S S S S S

S S S S S S S S S S

S

S S S S S S S S S S

S S S S S S S S S S

S S S S S S S S S S

S S S S S S S S S S

S S S S S S S S S S

S S S S S S S S S S

Writing Practice - Letter T

T

T

t

t

Writing Practice - Letter U

U

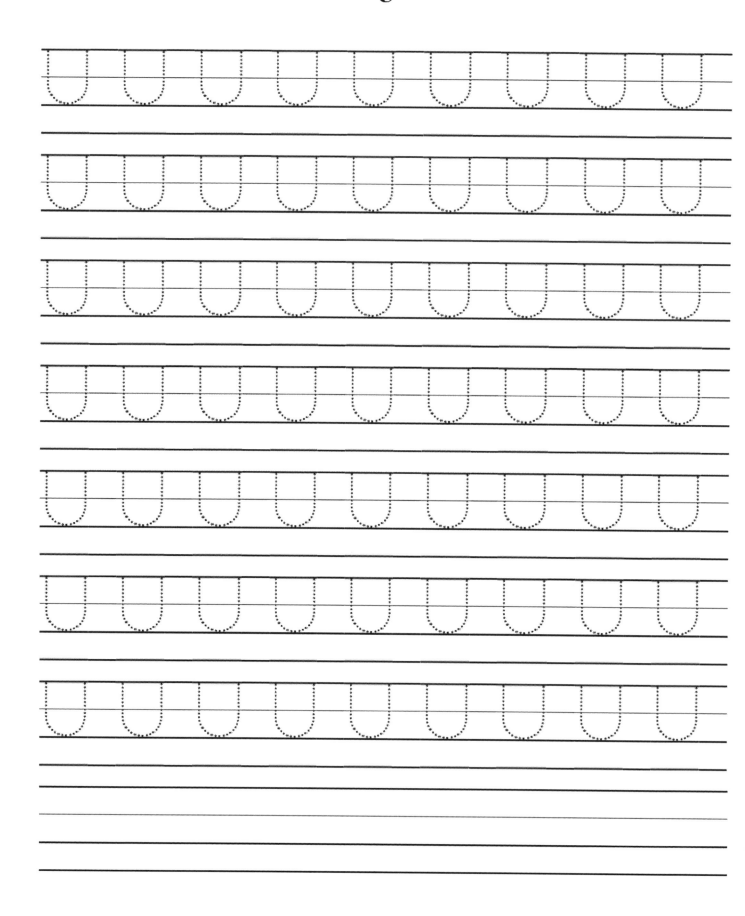

U

u

U U U U U U U U U U

U U U U U U U U U U

U U U U U U U U U U

U U U U U U U U U U

U U U U U U U U U U

U U U U U U U U U U

u

Writing Practice - Letter V

V

V V V V V V V V V

V V V V V V V V V

V V V V V V V V V

V V V V V V V V V

V V V V V V V V V

V V V V V V V V V

V

V

V V V V V V V V V V

V V V V V V V V V V

V V V V V V V V V V

V V V V V V V V V V

V V V V V V V V V V

V V V V V V V V V V

V

V V V V V V V V V V

V V V V V V V V V V

V V V V V V V V V V

V V V V V V V V V V

V V V V V V V V V V

V V V V V V V V V V

Writing Practice - Letter W

W

W

W

w w w w w w w w w

w w w w w w w w w

w w w w w w w w w

w w w w w w w w w

w w w w w w w w w

w w w w w w w w w

w w w w w w w w w

w

W W W W W W W W W

W W W W W W W W W

W W W W W W W W W

W W W W W W W W W

W W W W W W W W W

W W W W W W W W W

W W W W W W W W W

Writing Practice - Letter X

X

X

X

X X X X X X X X X X X

X X X X X X X X X X X

X X X X X X X X X X X

X X X X X X X X X X X

X X X X X X X X X X X

X X X X X X X X X X X

Writing Practice - Letter Y

Y

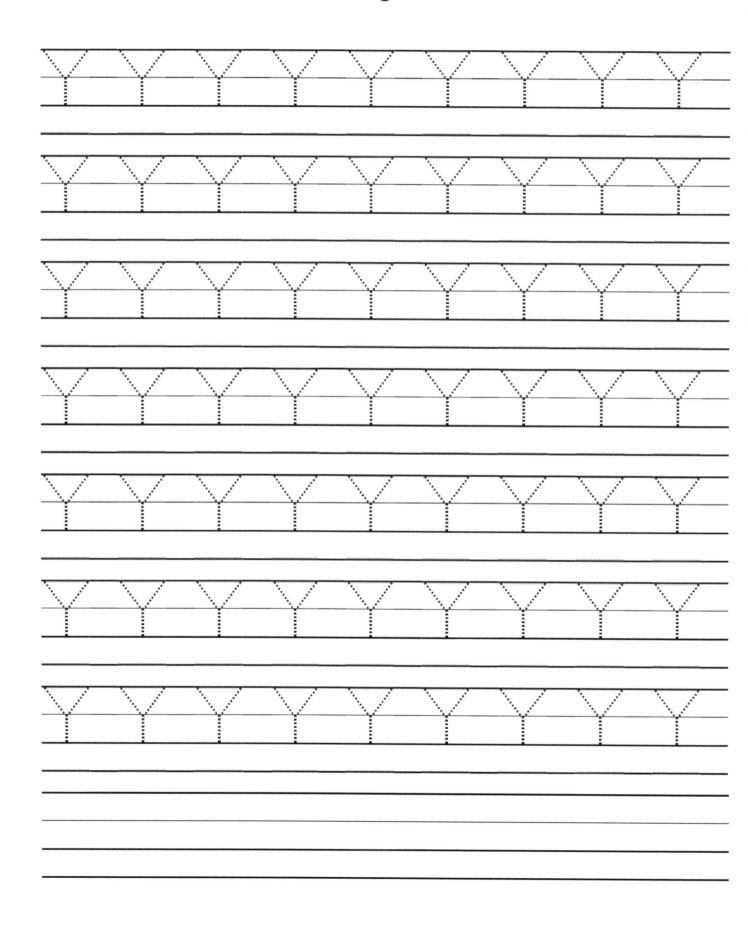

Y

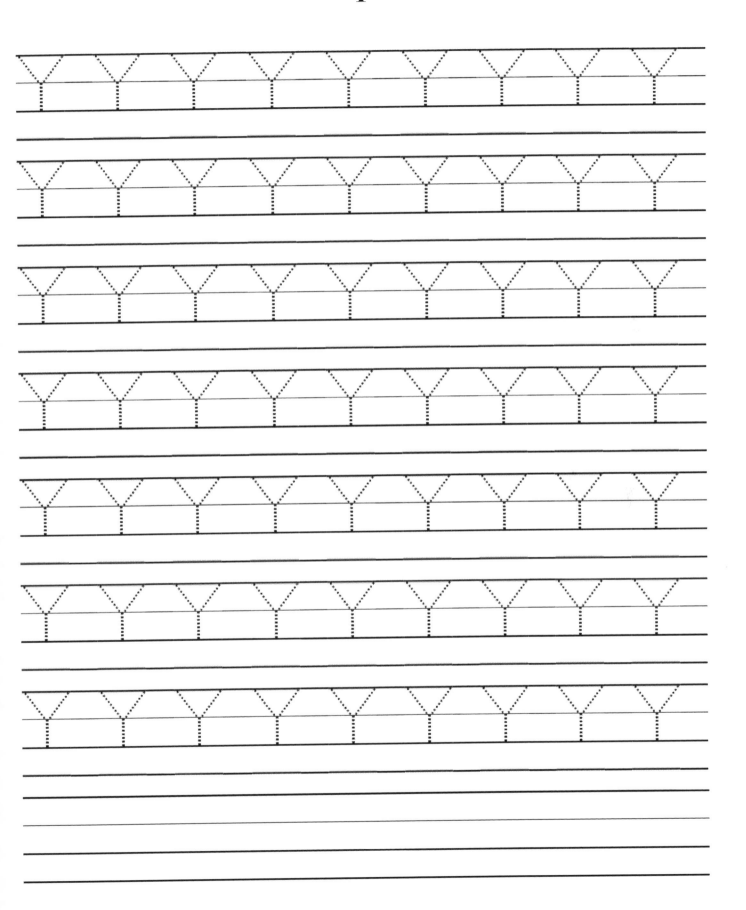

y

y y y y y y y y y

y y y y y y y y y

y y y y y y y y y

y y y y y y y y y

y y y y y y y y y

y y y y y y y y y

y

y y y y y y y y y

y y y y y y y y y

y y y y y y y y y

y y y y y y y y y

y y y y y y y y y

y y y y y y y y y

Writing Practice - Letter Z

Z

Z

Z

Z

Z Z Z Z Z Z Z Z Z Z

Z Z Z Z Z Z Z Z Z Z

Z Z Z Z Z Z Z Z Z Z

Z Z Z Z Z Z Z Z Z Z

Z Z Z Z Z Z Z Z Z Z

Z Z Z Z Z Z Z Z Z Z

Made in the USA
Middletown, DE
28 September 2020